मैं इश्क़ लिखना चाहूँ...

Iqra: To read

Iqra Patil

India | USA | UK

Made with ❤ on the BookLeaf Publishing Platform
www.bookleafpub.in
www.bookleafpub.com

Dedication

हमेशा मुझे शुरुआत के लिए प्रेरित करनेवाले राजकुमार कटकधोंड
सर [Kinetics of Discipline]
ये शुरुआत आपके नाम ...

Preface

मेरे अँदर जो 'इश्क' मैंने सोच रखा है, उसी इश्क को कुछ नज़्मों में उतारने कि कोशिश की है।

सवाल मुझे बहुत आते हैं, उन्ही अधूरें सवालों के मुकम्मल जवाब खोजने के लिए खुद से बार-बार वही सवाल करके जवाब पाने कि और उन्हें लफ्जों में उतारने की कोशिश है।

जिंदगी में 'इश्क़' चाहे महबूब से हो, काम से, खुद से या खुदा से ! वो एहसास चँद अल्फाजों में मिल जाए तो उसका मज़ा और दर्द यादगार होता है। इन कुछ शायरीयों से आप सभी के दिल के उस नाज़ूक कोने तक पहुँचने की कोशिश.... ' मैं इश्क लिखना चाहूँ... '

Acknowledgements

जिस जिस ने दर्द दियें उन सब कि शुक्रगुज़ार हूँ! दर्द के बिना ये शायरियाँ अधूरी होती!
'ज़िंदगी' से लेकर 'ख़ास' लोगों तक जिन्होने मेरी कलम का दर्द कम ना होने दिया...

1. तुम हो कहाँ?

चल रहे थे साथ, तो अब हो कहाँ ?
मेरा तो रुख वहीं, तुम्हारी मँजिल जहाँ ।
केहते थे, साँसों से ज़्यादा ज़िक्र था कभी,
अब तो मरने पे हूँ, तुम हो कहाँ?

तुम्हारी उँगलियों पे बाँधे हैं, ख़्वाब मैंने,
तुम्हारी नजरों से देखा है मैंने ये जहाँ ।
पलकें बँद होती थी मेरी जुल्फों कि छाँव में,
बँद हो रही हैं आँखे, तुम हो कहाँ?

लबों पे रखे थे हाथ कभी, मौत की बात से,
काँप रही थी रुह, छोड़ जाने कि बात से ।
मेरी आवाज़ से लग जाती नींद कभी तुम्हें,
आख़िरी आवाज़ दे रही हूँ, तुम हो कहाँ?

थक गयी हैं साँसे, थक गए हौसलें,
गिराई कलम की तलवार, टूट गयी मन्नतें ।
आख़िरी रास्ते के आख़िरी हमसफर हो तुम,
आख़िरी क़िताब के पन्ने, तुम हो कहाँ?

2. सोए रहो...

सोए रहो उसी नींद में, क्यूँ जागते हो,
खो जाओ मुझमें, क्यूँ खुदको पाते हो ।

छिपा लूँ इस दिलमे, क्यूँ फिक्र करते हो,
नहीं आना तो यूँ कसके क्यूँ पकडते हो ।

आजा अब, क्यूँ बेवजह नाराज़ होते हो,
मेरे नाम से ही आज भी तुम पूरे होते हो ।

मुकम्मल मैं तेरे साथ, क्यूँ भागते हो,
लौट आना यहाँ, दूर से क्यूँ चाहते हो ।

मुहब्बत है पाक, क्यूँ दुनियासे डरते हो,
ख्वाबो में मेरी जाँ, मुझे दुनिया केहते हो ।

मैं तेरा तू मेरी, क्यूँ ये दूरीयाँ रखते हो,
क्यूँ मिलने मुझे,सहारा ख्वाब का लेते हो ।

मैं संभाल लूँ तुम्हे, क्यूँ परवाह करते हो,
आओ मेरी बाहों में, यूँही सुकून केहते हो ।

3. तुम्हारे नाम कि लकीर!

मेरी हथेली पर तुम्हारे नाम कि लकीर खींच देना!
रिश्ता ना सही...सुनो जान केह आवाज़ लगा देना!

कौन कहता है चाहतों में राहत नहीं होती,
हाथ थाम कर कभी तुम तस्वीर खींचा लेना!

भीड़ है बाज़ार में हसीन झुमको के खातिर,
तुम आँखों से मेरी सादगी चूम लेना!

मुलाक़ात का मोहताज नहीं इश्क़ ये मेरा,
शक़ हो तो सनम कभी आज़मा भी लेना !

मेरी हथेली पर तुम्हारे नाम कि लकीर खींच देना!

4. फ़क़ीर हूँ मै!

अल्फ़ाज़ क्या लिखूँ, अब दास्ताँ क्या कहूँ मैं!
जिस ओर रुख़ हवा का उस ओर चलूँ मै!

अब ना चाँद सी चमकूँ, ना शोख़ियों में डूबूँ मैं,
उजाले कर सहर, हर शाम ढलूँ मैं!

ना बिजली इन निगाहों में, ना तीर अब निशाने में,
साहिल से टकराकर लौटी, घायल लहर हूँ मैं!

जीती हैं कई जँगे, हारी भी कुछ ख़ास थी मैंने,
बाग़ी तो पैदाइशी थी, फिलहाल अमन हूँ मैं!

खुद की लिखावट रास ना आए, ना अब लिखा जाए,
गुनगुनाऊँ लफ़्ज़ औरों के अब वो फ़क़ीर हूँ मै!

5. कह ना !

कितनी बारिशें रुकाई हैं मुलाक़ात के खातिर,
मेरे आँसूओं से तुझे भिगो ना दूँ तो केहना!

तेरी बातों के चर्चे मशहूर भले ही हो,
तेरे लबों को ख़ामोश करा ना दूँ तो केहना!

तूने कहा हमारा मिलना क़िस्मत में नहीं,
तेरे हाथों की लक़ीरें मिटा ना दूँ तो केहना!!

6. सवाल?

कुछ सवाल, सवाल ही रह जाते हैं !
एक वक़्त बाद रिश्ते संभाले नहीं जाते हैं!

तूफ़ान मचा रखा है दिल ने,
देख के उसे लब चूप क्यूँ हो जाते हैं?

ऐसे रहना, ऐसे बोलना, ये पहनना तुम,
बदल कर हमें अक्सर वो क्यूँ बदल जाते हैं?

सँवारा हैं मैंने उसके नूर से ख़ुद को,
वो किसी और से घर सजाया करते हैं!

रूह भी तड़पती उसकी आवाज़ सुनने को,
परछाई से कुछ लोग अजनबी बन जाते है!

7. क़ीमत !

लिखी हैं ताज़ा ग़ज़लें, ताज़ा शायरी...

घर जाके पढ़ोगे? या यही सुनाऊँ?

क्या कहा? महँगी? नहीं जी...ज़्यादा नहीं,

इक उम्र, इक जवानी, इक मुहब्बत और इक इक़ लुटाई है ।

किस्से मुहब्बत के आजकल तो आम हुए हैं,

किस्सा नहीं कहानी है, कुछ ख़ास है ।

वक़्त है ...सुनाओ, पर दाम क्या रखा है?

ज़्यादा नहीं दो को दफ़नाने का खर्चा लगा है ।

और भी बहुत कुछ है कहो तो दिखा दूँ?

लाल इश्क़,गुलाबी बातें, ज़र्द आशिक़ी ऐसा कुछ??

नहीं! बेरंग जिंदगी, टूटे सपने, बिखरा इँतेजार...

मै चलता हूँ, हैसियत नहीं जो ये किरदार खरीदूँ ।

साब, दाम पूछ के खुद की हैसियत क्यों बताई है?

मैंने इस टूटी दुकान की कुछ किताबें दिखाई है ।

भाई, मैं वक़्त बिताने कुछ पढ़ना चाहा था,

तुमने किताबें नहीं कई ज़िंदगीया बिकाई हैं ।

८. मरती हूँ..तुझ पे!

आँखें तो रोज़ बेज़ार होती रही,
जरा अश्कोंको राहत देती हूँ ।
अब उम्र का कुछ पता नहीं,
पल दो पल सोहबत देती हूँ ।

मेरी मायूसी मेहसूस होती रही,
ज़रा तुझको मेहफुज रखती हूँ।
साकी तेरे जाम की कशिष से,
ज्यादा नही थोडा सब्र रखती हूँ ।

अश्क तेरे आज मेरी क्यूँ हार रही,
तेरी हार का इलजाम भी मैं लेती हूँ ।
लौट ना आना वापस कभी यहाँ,
क्यूँकी तेरा होनेसे आज मैं डरती हूँ ।

तेरे नशे की ऐसी खूब क्या लत रही,
इस रात की जिम्मेदारी मैं लेती हूँ ।
आईना देख कभी इन निगहों में,
तुझपे आज भी क्यूँ मैं मरती हूँ ।

९. तुम्हारा है!

ना वो मेरा, ना मैं उसकी

दर्द फिर भी हमारा है ।

कसमें मुझ सँग निभा कर,

जाने कैसे सुहाग तुम्हारा है ।

कह के आसमाँ लाऊँगा,

आज़ाद गरुड़ उड़ान भरे ।

वो मेरा था, अब जो लौटा,

ये मँडराता भँवरा तुम्हारा है ।

चाँद सा सुंदर, सूरज सा तेज,

बिजली सा मेरा सीतारा वो।

तुम्हें जीत के ख़ुद हारा,

टूटा ये तारा, तुम्हारा है ।

लहरों से टकराता मल्लाह वो,

दो आँखों में समेटे तूफ़ान मेरा ।

तबियत के लिये, बारिश ना सहे

शाँत ये किनारा तुम्हारा है ।

10. शायरियां !

शहर उजाड़े हैं लाखों उन्होंने,
जिन के नाम एक बस्ती भी नहीं ।

तूफाँ रूकाने की बात करते थे,
उन से सँभली इक कश्ती भी नहीं ।

आसानी से मिल जाऊँ वो मैं थी भी नहीं,
कान्हा बिन राधा जचती भी नहीं ।

कई रातों की नींद लुटाई है,
ये शायरियाँ इतनी सस्ती भी नहीं ।

11. मर जाने तक जिंदा रेहना!

बहोत मुश्किल है , मर जाने तक ज़िंदा रेहना,
अजनबी साँचे में अपनी शक्सियत ढालना ।

नाम,मजहब,उम्र ,रंग,कद क्या पराया क्या अपना ?
आयेशा,निर्भया, कोलकाता या पुणे देश है अपना।

माँ बाबा ने कल ही नया खिलौना दिलाया था...
खुदकी जवानी के खेल में तूने मेरा बचपन क्यूँ छिना ?

गुनाह उसका भले बदनामी मेरी है ना?
बेगुनाह कैद हूँ मै, अब भी वो आझाद है ना?

दुनिया की पर्वाह करने की अब फुरसत कहाँ ?
बहोत मुश्किल है अब ख़ुद से ही लड़ना।

सूनो, काले कोट वाले अँकल.. आप तो बाबा जैसे सोचना,
अपनी बिटिया के लिये सेह ना पाते माँ का भी डाँटना ।

बहुत मुश्किल है ज़िंदा रेह के भी जी पाना ...
बहुत मुश्किल है, मर जाने तक ज़िंदा रेहना ।

12. रौनक रहे!

रौनक रहे, तुम तो उन आसूँओं कि तरह हो,
आँखोंको अकेला छोड कभी न् कभी जाओगे।
ये दुरीयाँ तो पल दो पल की मेहमान हैं जी,
फिजा के झोंके सँग तुम हर पल छूकर जाओगे।

खामोश रहे, जिम्मेवारी अब ख़ुदा की है,
रोशनी की चाहत हो आफताब को पाओगे ।
ये चाहतें मेरी कर्जदार होंगी एक रोज़,
दर पे मेरी, खुशियों के सजदे मनाओगे ।

बेताब रहे, यूँही सोते रेहना रातों मे मेरे,
बिन माँगे मेरी जाँ, मुकम्मल हो जाओगे ।
जरुरत तू मेरी,ये तुम भी मान जाओगे,
दूर सही मैं, हर पल साँस सँग पाओगे ।

जरुरत तू मेरी,ये तुम भी मान जाओगे,
दूर सही मैं, हर पल साँस सँग पाओगे ।
रुह तुम मेरी यूँ कब तक दुरी बनाओगे,
कोशिश करलो, आखिर मुझमें ही समाओगे ।

कातिलों का कतल कर तुम जीत जाओगे,
आज ना कल तुम मुझमें दफन हो जाओगे ।
आज चाहे मौत हो, तुम मुस्कुराना जी,
हर जहाँ में जान, तुम मेरे ही बन जाओगे ।

13. कुछ नहीं!

बहुत बड़ी है दास्ताँ, अल्फाज़ मगर थकते नहीं ।
हम बोले ता-उम्र, तुम्हारे पास महज़ कुछ नहीं ।

फ़िज़ाओं से पूछो, क्यूँ तुम्हारी याद दिलाती रही,
जाना तेरे पास नशा, ये मैखाने तेरे आगे कुछ नहीं ।

बिछा दूँ क़ालीन ग़ज़ल की, तारीफ़ में तेरे यूँही,
मेरे हक़ में जाने जाँ तेरे जुबाँ से फक़त कुछ नहीं ।

मेरी आँखें पढ़ती हो, ये क़रार बस नजरों से ही,
बना लो लबों का अशआर, छोडो ये खेल के कुछ नहीं ।

14. कुछ बाक़ी है?

एक रात बाक़ी है,
एक आग बाक़ी है ।
मुकम्मल रिश्तों में,
कुछ बात बाक़ी है ।

चाँद रौशन है,
चाँदनी बाक़ी है ।
तेरा अक़्स देख,
मेरा "मैं" बाक़ी है ।

ज़िंदगी बीत रही है,
एक लम्हा बाक़ी है ।
सफर कट चुका,
एक लम्हा बाक़ी है ।

दुनिया आगे बढ़ गयी,
देश बढ़ना बाक़ी है ।
इँसान मर रहा है,
अँधभक्त अभी बाक़ी है ।

माँ बाप बन गये,
बचपन अभी बाक़ी है ।
दोस्त, हमसफ़र मिल गए,
आशिक़ अभी बाक़ी है ।

किस्सा ख़तम हो गया,
कहानी मेरी बाकी है ।
तू ना पूछ और क्या क्या है?
तू न जाने, मुझ में तू बाक़ी है ।

15. अजी जान....!

अजी जान ग़ज़ल मेरी बन जाओ ।
मैं तुम्हें पकडे रखूँ वो कलम बन जाओ ।

मैं तुम्हें सोचता रहूँ वो अल्फाज़ बन जाओ,
तुम्हें लिखता रहूँ वो कागज़ बन जाओ ।

तुम्हें पढता रहूँ, वो नज़र बन जाओ,
जागूँ जिस में, वो सहर बन जाओ ।

मेरा मैं, मैखाना, तलब, मेरी जात बन जाओ,
मेरी जुबाँ पर आए वो बात बन जाओ ।

मेरे गली-मोहल्ला-मकान बन जाओ,
कोई नहीं है मेरा, खानदान बन जाओ ।

चले घर मेरा तुम वो दुकान बन जाओ,
यूँही तुम मेरे अशआरों की किताब बन जाओ ।

16. उम्र मेरी !

उम्र मेरी यूँही गुज़र जाएगी, तेरे ख़यालों में |
जिना मुश्किल सही, मुमकिन है तेरी निगाहों में ।

मैं ऐसे ही मौजूद तेरे इन दिलकश सवालों में,
तू नशा मेरे दिलका, ना शौख बेनाम मैखानों में ।

सब दिदार चाहें तेरा,मैं ख़ुद बेसब्र तेरे इँतेज़ार में,
मुलाकात की मिन्नतों से, दिखे तू ख़्वाबों में ।

भिग जाती पलकें, अक्सर तेरी ही यादों में,
काश मौत भी नसीब हो, मुझे तेरी ही बाहों में ।

उम्र मेरी यूँही गुज़र जाएगी, तेरे ख़यालों में,
लोग खोये रहेंगे तब भी, नये साल मनाने में |

17. मरहम !

एक सफर हमसफर के बिना ।
एक रास्ता मँज़िल के बिना ।

एक आग दफ़न है सीने में,
सन्नाटा है लबों पे यहाँ ।
खाली हाथ चल पड़ा हूँ मैं,
बोझ है जिम्मेवारियों का यहाँ ।

कुछ पाबँदियाँ बँदिश्त की तरह,
आज़ाद मैं खुशबू की तरह।
जख़्मों को थामे बैठे हैं कब से,
झोंका है वो मरहम की तरह ।

18. मुझे भी पढ़ लेना!

हो सके तो मुझे भी पढ़ लेना,
मुर्दा नहीं ज़िंदा याद रखना ।
कभी नहीं रहा मैं चिरागोंमें ,
तुम मुझे अँधेरे में याद रखना ।

तेरी सोच से मेरी रिवायतें हैं,
सियासत मेरी याद उन्हें दिलाना ।
कुबूल मुझे, तू ही खून मेरा,
रोशन तू मेरी रियासत रखना !

आज खिलाफ, कल कदमों में होंगे,
ज़ियादा तुझसे, कुछ मुझसे सिख लेना ।
हो सके तो तू भी जी लेना,
तेरे तरीके में, मेरा नाम रखना ।

तू चलती रहे, परछाई मेरी होगी,
सभी करते याद, तू बात याद रखना ।
कई सितारे आते जाते रहेंगे,
तू तुझमे मेरा वजूद कायम रखना ।

हो सके तो मुझे पढ लेना,
काम में तेरे हक मेरा रखना ।

भरी बोतल में भी खाली सा हूँ मैं,
बिन तेरे, पार हो कर डूबा सा हूँ मैं ।
माँगा करूँ उस रब से तुझे क़ायम,
ख़ुद का कम, ज़ियादा तेरा सा हूँ मैं ।

लहरों से दूर गुमनाम किनारा हूँ मैं,
मेरी ही ज़िंदगी का फ़क़त मेहमाँ हूँ मैं ।
थोड़ा पुराना सही, तेरा राही हूँ मैं,
भरी बोतल में भी खाली सा हूँ मैं ।

तेरे नये बाग़ का बाग़बाँ हूँ मैं,
तुझी में दफ़न, तेरा फ़साना हूँ मैं ।
तेरी आँखों से बरी वो कैदी हूँ मैं,
भरी बोतल में भी खाली सा हूँ मैं ।

इस जाम से तेज़ तेरा नशा साक़ी,
लफ़्ज़ों से चूम लूँ, वो कलम हूँ मैं ।
मैखाने में बैठ कर भी पाक हूँ मैं,
भरी बोतल में भी खाली सा हूँ मैं ।

20. दर्द संग मर्ज़!

दर्द सा सब रुक गया है, मर्ज़ सा सब रूठ गया है,
तेरे गाँव की गलियों में , मेरा दिल गुम सा गया है ।
तेरे नाम से हो कर ही आज मेरा वजूद बनता है,
सुनो ना! अब आजाओ! मेरा वक़्त ठहर गया है ।

दर्द सा सब रुक गया है, मर्ज़ सा सब रूठ गया है,
कामिल होके भी लगता है बहुत कुछ छूट रहा है ।
मेरी आँखों को तेरी वापसी चाहिए, आज मेरा,
धड़कता हुआ दिल भी बिखर के टूट रहा है ।

दर्द सा सब रुक गया है, मर्ज़ सा सब रूठ गया है,
मेरी आँखों से तेरा इकतरफा इश्क़ बह रहा है ।
अब और ना रुकूँगी कहे देती हूँ...गर रुक जाऊँ मैं,
समझना जिस्म से मेरा दिल उठ गया है ।

21. सैलाब-ए-इश्क़!

आशिक़ों का सैलाब आएगा,
मेरे जनाज़े पे तूफाँ आएगा ।
इतने हाथ उठेंगे दुआओं के,
मुझे लेने फलक़ से खुदा आयेगा ।

रुक्सती में एक शायरी आएगी,
मेरे साथ मेरी अदाकारी जाएगी ।
कितने गाँव कितने शहर डूबेंगे,
मेरे जाने से ज़ोर की आँधी आयेगी ।

मेरा मज़ाकिया दोस्त सँगीन होगा,
मेरा पूरा खानदान ग़मगीन होगा!
शाक़ के पत्ते झड़ेंगे, पँछी गाएँगे,
मेरे इस्तेक़बाल में आसमाँ रँगीन होगा ।

आशिक़ों का सैलाब आएगा,
इस फरिहा का जौन आएगा ।
हाय मंजर! इमरोज का हाथ पकड़े,
इस अमृता का प्रीतम आयेगा ।

22. बाज़ार!

बाज़ार-ए-बेवफाई,

अपने हैं सौदाई ।

ख़्वाब बेच खाते हैं,

अपने ही बाप भाई ।

बाज़ार-ए-शान,

अपनों ने ली जान ।

श्वान से बद्तर,

नकली खानदान ।

बाज़ार-ए-दिल्लगी,

मेहबूब है बँदगी ।

भाग आए कैद से,

कैद करने को ज़िंदगी ।

बाज़ार-ए-धरम,

मुद्दा है गरम ।

छोड़ के करम,

माने है भरम ।

23. वसीयत

आपकी वसीयत में मुझे हिस्सा चाहिए ।

हिस्से में,आपकी क़िताब में किस्सा चाहिए ।

आपकी हैसियत में मुझे मेरा दाम चाहिए ।

शाम-ए -महफ़िल में मेरा नाम चाहिए ।

आपको मेरे दीदार की तिश्नगी भले, मुझे

आख़िरी लम्हों में बाहों की बँदगी चाहिए !

जमीं, जायदाद, पैसा, गहने सबमें बाँट देना,

वसीयत में मेरे नाम आपकी उर्फियत चाहिए !

24. इँसानियत सिखाने वाले ।

एक होतें हैं निशाने वाले,

एक होते हैं निभाने वाले ।

एक होतें हैं रिश्ते कमाने वाले,

एक रिश्ते दफ़नाने वाले ।

एक जान समझने वाले,

एक होतें हैं जान लेने वाले ।

एक हैं जान बनाने वाले ,

एक हैं जान जताने वाले ।

एक होतें हैं दिल लगाने वाले,

एक दिल बहलाने वाले ।

एक होते हैं तिल निहारने वाले,

एक तिल की तरह चीरने वाले !

दोनों आशिक़ हैं कहलाने वाले,

अपने आप की नियत साबित करनेवाले ।

इँसान कह लेते हैं ख़ुद को,

दरिंदोको इँसानियत सिखाने वाले ।

25. होली !

होली बँद कमरे में गुज़री,

बुलाओ तो रँग लगाऊँ क्या?

सुना है लिखती नही हो तुम?

दर्द खत्म? देने आजाऊँ क्या?

भाँग से भी नशा नहीं चढ़ रहा,

आँखों का नशा दिखाऊँ क्या?

बहुत ज़ियादा ही गुरूर में हो,

टूटेगा भ्रम, गले लगाऊँ क्या?

जाओ,निकलो कह रहे हो ,

सच में जाके दिखाऊँ क्या?

बर्बाद ही होना है तो प्यार से,

नफरत का मज़ा चखाऊँ क्या?

अच्छाई से लिख लेता हूँ गज़लें,

बुराई की कमाई दिखाऊँ क्या?

कहो तो अच्छा वरना बूरा भी खूब हूँ,

किरदार बदल के दिखाऊँ क्या?

26. गाँव !

जब से तुमने गाँव छोड़ा,
मेरे घर में वो बात नहीं ।
तुम लोग पूछ रहे हो,
मैं मेरे ही साथ नहीं ।

अब ना मौसम हसता,
अब ना वो फ़िज़ा है ।
तेरे बाद ख़ाली राह,
ये भी तो एक सज़ा है ।

निकलता हूँ घर से,
इक़ याद आती है ।
पीछे मूड के देखता हूँ,
तेरी याद आती है ।

गुजारें पल जिस जगह,
वहीं बार बार जाता हूँ ।
एक एक लम्हा मैं ,
हज़ार बार जीता हूँ ।

जब से तुमने गाँव छोड़ा,
मेरे घर में वो बात नही ।
गाँव छोड़ शहर आया,
मुझ में ही अब वो बात नहीं ।

27. हम साथ होते तो क्या होता ?

आनेवाला कल या गुज़रा कल?

जो भी हो जी लेंगे ये भी पल!

हम साथ होते तो क्या होता?

वो सब जो अभी नहीं होता ।

हज़ार किरदार हर दिन जन्म लेते,

हज़ार कहानियाँ रोज़ पलतीं ।

बताओ कौनसा पुरस्कार चाहिए?

घर के मेहराब में जगह कम पड़ती ।

हम झगड़ते ज़रूर, अलग अलग बातों में,

दो उमदा सोच, कैसे रहते एक साँचे में ।

खुशनसीब होते हमारे शागिर्द सोचो तो,

मिलता धुरँधर एक के साथ एक मुफ़्त में ।

एक रात खाता खोलते हम दोनोंका,

ज़िंदगी एक चलचित्र जैसी हमारी थी ।

हर बड़ी कहानी एक अँश होता हमारा,

परदा गिरता ऐसे तो क्या बात थी।

28. मामूली !

शराब मामूली है तुम्हारे सामने,

कुछ घँटो का नशा शराब का ।

तुम्हारी बातों का नशा कई ज़माने,

मैंने पी रखी, तुम्हारा नशा उतारने !

सोने के लिए कौन पिता है?

मैं तो पिता हूँ के जागूँ तुझ में ।

और जगाके रखूँ तुम्हें ख़ुद में,

और उतार लाऊँ तुम्हें लफ़्ज़ों में!

शराब झगड़ रही है मुझसे है नादान,

पूछती है ऐसी भी क्या बराबरी करना ।

उसे कैसे समझा ऊँगा तुम मेरा आइना,

बोल कड़वे उसकी तरह, फिर असर दिखाना ।

पूछा उसने, कैसा असर है उसका,

बियर, व्हिस्की,स्कॉच,रम या वोडका?

कहा मैने ज़हर है वो चढ़ जाए तो,

तुम खो दोगी सवाल करने का मौका ।

29. ज़िंदगी..

इन छोटे घावोंसे मेरा कुछ नहीं होता,

बड़ा करो ज़िंदगी, जान लेके दिखाओ ।

ये रोना, तड़पना पीछे छोड़ आए हैं हम,

नया करो ज़िंदगी, हँसा के दिखाओ ।

टूटके बिखरने, गिरने की आदत है मुझे,

हिम्मत करो ज़िंदगी, झुका के दिखाओ ।

ये छोटी छोटी हार से मेरा कुछ नहीं होता,

शिकस्त दो ज़िंदगी, जीता के दिखाओ ।

तलवार,तीर ,गोली,ज़हर असर न करेंगे,

छल करो ज़िंदगी, लफ़्ज़ों से जलाओ ।

चूप कराना, रोक़ना, कैद से क्या होगा,

जल्दी करो ज़िंदगी, दफ़ना के दिखाओ ।

ज़िंदगी, मौत, क़िस्मत ये सब रोज़ पी लेती,

बैर करो ज़िंदगी, हुनर का ख़ून करके दिखाओ ।

दुश्मन भी न भूलते नज़र, नाम वजूद मेरा,

कोशिश करो ज़िंदगी, निशाँ मिटा के दिखाओ ।

30. तुम्हें ये करना है !

दर्द का कड़ा पहरा है उदास ये चेहरा है,

झूठा सही नक़ाब मुस्कान का ओढ़ना है ।

जान तो जा चूकी, साँस अभी बाक़ी है,

जिम्मेदारियों के लिए तुम्हें और जीना हैं ।

माना, बाक़ी ना जज़्बा ना वो जज़्बात हैं,

अपनों के खातिर साथी तो तुम्हें चुनना है ।

तक़दीर से हारा, बस ये सोच बदलनी है,

मिटा कर वो लकीरें तुम्हें अब जीतना हैं ।

क़िस्सा खैर खत्म कामियाबी माशाअल्लाह है,

दस्तक के खातिर पास कलम रखना है ।

जँग औरों से नहीं, तुम्हें ख़ुद को हराना है,

तुम्हें ये करना है, हाँ तुम्हें ये करना है ।

31. मुनाफा!

दुनियाँ में जिए जन्नत के ख्वाबों में,

यूँही छोड़ दिया तूने, रुठे को मनाने में ।

कहाँ कम रहे तुझ को पाने में?

हम ने खोया ख़ुद को, तेरी ही चाहत में।

तुझ से देरी हो गयी आवाज़ लगाने में,

तूने तोड़ा मकान एक दीवार सजाने में |

तुम क्या गुम हुए दुनिया कि भीड़ मे,

मुनाफा होता गया ग़ज़ल कि बाज़ार में!

32. किचड़!

किचड़ पे रँग लगा रहे हो तुम ।
चित्र नही चरित्र बिगाड़ रहे हो तुम ।

इत्र को नुमाइश की ज़रूरत नहीं पड़ती,
कदरदान चीज़ का मोल लगा रहे हो तुम!

नमक मल रहे हो कब से मेरे सीने पे,
मशक़्क़त लाश जगाने की कर रहे हो तुम ।

इश्क़ कर रहे हो और नींद की तमन्ना भी,
ज़हर चखकर परखने की बात कर रहे हो तुम ।

किचड़ पर रंग लगा रहे हो तुम,
मेरा नहीं अपना किरदार सजा रहे हो तुम!

33. मशहूर!

वो मेरे एहसास लफ़्ज़ों में पिरोता है ।
इसलिए भी शायद मशहूर होता है ।

नामुमकिन जिसे पाना वो हासिल उसे,
इसलिए भी शायद मग़रुर दिखता है ।

जँगे जीत के कई, हारा उसने दिल,
इसलिए भी शायद मजबूर लगता है ।

हसते हसते कुर्बान कर देता है सब कुछ,
इसलिए भी शायद शऊर लगता है ।

34. बात!

मेरी बाज़ूओं की तारीफ़ बड़ा करती है,
मिलकर, वो नज़र लगाने की बात करती है ।

मेरी चमक से सूरज डूबता चला जाता है,
वो मुझे किसी और से जलाने की बात करती है ।

मुझे ज़िया की ज़रूरत नहीं, मैं ख़ुद रौशन हूँ,
वो मुझसे कलँक लगाने की बात करती है ।

मैं चाँद तुम सूरज, एक जाए तो दूजा आए,
वो नादाँ मुझसे मुकाबले की बात करती है ।

35. मैं-तुम !

तुम आज़ाद कलम,
मैं छोटी क़िताब ।
तुम खुला आसमाँ,
मैं बँद मेहराब ।

तुम अमृत मँथन,
मैं मामूली शराब ।
तुम गहरा समँदर,
मैं बहती चेनाब ।

तू खुदमे मस्त मगन,
मैं सोच से ख़राब ।
तुम नँगे पाँव खुश,
मैं किसी की जुराब ।

तुम सिद्ध,मौन, ध्यान,
मैं हाज़िर जवाब ।
तुम कामियाब,
मेरा झूठा रुबाब ।

36. अमर!

तुम्हारे प्यार में गिरना नहीं, उठना है मुझे ।
तुम्हारे लिए मरना नहीं, सँग जीना है मुझे ।

तुम्हारे हक़ में इश्क़ सिर्फ़ लिखना नहीं,
तुम से हर कतरा इश्क़ करना है मुझे ।

अँजुमन में तुमसे इज़हार क्यों करूँ...
तुमसे नज़रें मिलाकर इकरार करना है मुझे ।

तुम्हारे नक़्शे-क़दम चूमने ग़मगुसारी कैसी,
तुम्हारी बँद बाँहों से भी पायदारी मुझे ।

मोहब्बत की आड में समझौते की अदाकारी नहीं,
तुम्हारा फ़न, किरदार, ख्वाहिश-ए-ज़िम्मेदारी मुझे ।

जौन, गुलजार, मीर साहिर के बाद गुस्ताखी,
इश्क-ए-इक़रा का नाम अमर करना है मुझे ।

www.ingramcontent.com/pod-product-compliance
Lightning Source LLC
LaVergne TN
LVHW050936200726
843508LV00011B/2355